W0413850

NOXXON

Ein Taschenbuch
des NOXXON
Verlages

NOXXON Taschenbuch
3-931564-47-9

Nach dem Dunkel der Nacht
bricht ein neuer Morgen an
und die Sonne erwärmt
dein Herz
zum neuen Leben.

Erika Kosenberg

Spiegel des Lebens

2001

Alle handelnden Personen sind Fiktionen und Ähnlichkeiten mit existierenden Personen sind rein zufällig.

Veröffentlicht als NOXXON Taschenbuch, 2001

ISBN 3-931564-47-9

NOXXON Verlag
Inh.: Dr. Heiko Nowak
2001/00/126

Die Letzte Reise

Schon bald beginnt die letzte Reise,
im Wartesaal da sitzen wir.
Gedanken drehen sich im Kreise,
geschlossen ist die große Tür.

Ob wir noch lange warten müssen,
oder nur eine kurze Zeit,
so manche Träne wird noch fließen,
denkt man an die Vergangenheit.

Als man noch jung und unverdrossen,
leichtfüßig froh durchs Leben ging,
da war uns keine Tür verschlossen,
durch die wir oft gegangen sind.

Dahinter stand das Glück uns offen,
es breitete die Arme aus.
Nicht jeder war davon betroffen,
doch machten wir das Beste daraus.

Nun kommt der Zug, die Räder rollen,
und wenn er hält, steigen wir ein.
Die letzte Reise hat begonnen,
bald werden wir zu Hause sein.

Wege Des Lebens

Wir gehen so viele Wege,
ob sie falsch oder richtig sind?
Das wissen wir auch nicht später,
wenn wir sie gegangen sind.

Mal sind sie steil und beschwerlich,
dann wieder leicht und beschwingt.
Gehst du zu zweit sind sie herrlich,
oft dann die Liebe beginnt.

Viele Rosen blühen am Wege,
die Dornen, die siehst du nicht,
lass' sie stehen und geh' vorüber,
sie stechen, wenn du sie brichst.

Pflück' das Blümlein, das im Verborgenen
dort verlassen am Wegrand blüht.
Wirst begreifen vielleicht schon morgen,
wenn dein Herz in Liebe erglüht.

Noch so vieles wird dir begegnen
auf dem Wege bei Tag und bei Nacht,
denn auch Steine wird man dir legen,
und du strauchelst, wenn du nicht gibst acht.

Und zeigt uns der Weg des Lebens
die Spur der Vergangenheit.
Viele sind wir gegangen vergebens,
es war Freude, aber auch Leid.

Mein Stern

Auch in der Nacht denk' ich an dich,
wenn viele Sterne am Himmel stehen,
doch einer leuchtet nur für mich
und wartet auf ein Wiedersehen.

Begleitet mich auf allen Wegen,
ist bei mir auch zu jeder Stund'.
Er ist mein Stern in meinem Leben
auf diesem weiten Erdenrund.

Er schaut mir tief ins Herze rein
und weiß, dass ich die Treu ihm halte,
bis ich dann werde bei ihm sein,
so wie das Schicksal es gestalte.

Mein Stern ist dann an meiner Seite,
und keiner ist nicht mehr allein.
Wir wandern in die ferne Weite,
die Ewigkeit schließt uns dann ein.

Das Herz Weint

Du schaust hinaus in die Ferne
und sehnst dich nach Friede und Freud'.
Du hast die Menschen so gerne,
doch sie sind dir immer so weit.

Man ist ja schon dankbar und glücklich
für einen freundlichen Blick,
doch sucht man ihn manchmal vergebens,
sie geben ihn dir nicht zurück.

Auch miteinander zu reden,
ein liebes vertrautes Wort.
Erträglicher wäre das Leben,
ist man dann am anderen Ort.

Die Menschen sie woll'n es nicht sehen,
sie gehen aneinander vorbei
und tun so, als ob nichts geschehen,
es ist ihnen einerlei.

So ist man doch immer alleine,
das Herz weint so still vor sich hin
und tut manchmal nur zum Scheine
man zufrieden ist, in seinem Sinn.

Dein Weg

Gehe tapfer deinen Weg,
was auch kommen mag.
Denke, es ist nie zu spät
für einen neuen Tag.

Freue dich an kleinen Dingen,
die stets im Verborgenen sind,
musst sie suchen und auch finden,
dann bist du ein glückliches Kind.

Gute Wünsche dich begleiten
für die Zukunft allezeit
und die Liebe soll dich leiten
bis in alle Ewigkeit.

Meiner lieben Enkeltochter Sonja
gewidmet zum 18. Lebensjahr
Von Deiner Oma Erika!

Mein Traum

Mein Kind, warum läufst du so schnell vor mir her,
es wär' schlimm, wenn ich dich verlor'.
Nun bist du verschwunden, ich seh' dich nicht mehr,
und mein Rufen dringt nicht an dein Ohr.

Ich laufe geschwind hinter dir her,
und die Angst treibt mir Schweiß ins Gesicht.
Meine müden Beine tragen mich nicht mehr,
Tränen rinnen mir übers Gesicht.

Einen Mantel wollt' ich dir bringen, mein Kind,
der dich wärmt und umhüllt, wenn es kalt,
du geborgen bist auch in Sturm und Wind,
ich laufe und find' keinen Halt.

Auf einmal seh' ich dich ganz weit von mir,
da sitzt du und wartest auf mich.
Der Schlüssel steckt drin und auf steht die Tür,
ich tret' ein und umarme dich.

Du sagtest, den Mantel brauchst du nicht,
die Zeit ist noch weit, wenn es kalt
dann wirst du ihn tragen, du mir es versprichst,
ich Ruhe und Frieden dann fand.

Dann bin ich erwacht von meinem Traum
und dachte an dich, mein Kind.
Jeder geht seinen Weg durch Zeit und Raum,
doch immer verbunden wir sind.

Gewidmet meiner lieben Tochter Gabriela
von Deiner Mami!

Der Lenz Ist Da

Der Frühling kam leise über Nacht
und hat die Erde berührt.
Sie ist aus ihrem Schlaf erwacht,
hat auch den Wind gespürt.

Er wehte ganz sachte übers Land,
die Luft war so lau und rein.
Ein einsames Herz die Liebe fand,
das muss wohl der Frühling sein.

In den Bäumen singen die Vögelein,
ein Kuckuck ruft aus dem Wald,
wir alle stimmen mit ihnen ein,
weit über die Heide es schallt.

Auch stehen in ihrem Blütenkleid
die Blumen und Wiesen so schön,
der Duft macht unserer Herzen weit,
wie herrlich, sie anzusehen.

Beschwingt und fröhlich ist unser Sinn
und freut sich, der Lenz ist da!
Manch Kummer und Schmerz ist nun dahin,
was gewesen im vorigen Jahr.

Heideblümlein

Wenn der Tag in der Heide erwacht,
das Heidekraut in seiner Pracht
erstrahlet im Sonnenschein,
küß' ich mein klein's Blümelein.

Dann wandern wir Hand in Hand
durch das blühende Heideland.
Ein Blütenkranz schmückt ihr Haar,
es leuchten zwei Augenpaar.

Ein Ringlein, das schenk' ich ihr,
und treu bleiben soll sie mir,
denn sie ist die Schönste für mich,
mein Blümlein, wie lieb' ich dich.

Wenn wieder das Heidekraut blüht,
es mich zu der Liebsten zieht,
dann wird sie für immer sein
mein klein's Heideblümelein.

Wilde Rosen

Sag' ihr, ich lass sie grüßen,
ich komme bald zurück,
mein Arm wird sie umschließen,
freue mich schon auf mein Glück.

Dann blüh'n die wilden Rosen,
ich bring' ihr einen Strauß
und werde sie liebkosen,
bei ihr bin ich zu Haus.

Weint sie dann Freudentränen,
kostbar wie Perlen rein,
ich werd' mich danach sehnen,
immer bei ihr zu sein.

Und unsere Herzen schlagen
glücklich für allezeit.
Liebe, sie wird uns tragen
durch alle Einsamkeit.

Refrain:
Und am Himmel leuchten Sterne,
weisen mir den Weg zu ihr.
Wenn ich komme aus der Ferne,
öffnet sie die Herzenstür.
Und die Liebe und die Treue
mache ich ihr zum Geschenk,
wilde Rosen blüh'n aufs Neue,
weil ich immer an sie denk'.

Sehnsucht

Die Bäume rauschen ein altes Lied,
ich sitze am Fenster und träume,
die Sehnsucht mich in die Ferne zieht
zu meiner Geliebten alleine.

Sie singen und rauschen von Liebe und Glück,
wie schön ist es, ihnen zu lauschen,
bald kehrst du aus der Ferne zurück,
wir zärtliche Küsse dann tauschen.

Dann hab' ich dich wieder, mein teures Lieb',
und die Bäume singen und rauschen
immer noch weiter ihr altes Lied,
und ein andrer wird ihnen dann lauschen.

Wanderer

Ein Ränzel auf dem Rücken,
ein fröhlich Herz dazu,
wandre ich durch grüne Auen
und mein einz'ger Schatz bist du.

Bunte Blumen auf den Feldern
und die Vöglein in dem Wald
singen mit mir meine Lieder,
dass es durch die Heide schallt.

Trag' ein Blümlein stets am Hute,
das da heißt Vergißmeinicht
und bin immer frohen Mute,
denn ich denk' ja nur an dich.

Und so wandre ich von dannen
durch die Heide kreuz und quer,
bleib' mir treu, mein Schatz, und warte
bis ich einstmals wiederkehr'.

Die Jugendzeit

Wo ist sie geblieben, die Jugendzeit,
die uns treu war so viele Jahr.
Nun ist sie entschwunden und liegt so weit,
silbern glänzt es in unserem Haar.

Die schönen Jahre, sie gingen dahin,
in Erinnerung schauen wir zurück,
die Vergangenheit lebt in unserem Sinn
und zeigt uns verlorenes Glück.

Das wir einst besessen, als wir noch jung
und die große Liebe begann,
unsere Herzen schlugen voller Schwung,
als sie zog uns in ihrem Bann.

Sie verzauberte uns an jenem Tag,
fragte nicht, ob wir es gewollt,
heller Glanz in unseren Augen lag,
träumend war das Glück uns hold.

Wir hielten es fest, das zarte Band,
das wir knüpften für viele Jahr',
auch wenn das Leid sich darin fand,
war die Liebe doch immerdar.

Der Frühling Des Lebens

Der Frühling des Lebens nimmt Abschied von dir,
der Sommer, er geht schnell vorbei,
der Herbst klopft schon ganz leise an deine Tür,
drum öffne nicht, sage Verzeih.

Noch scheint dir die Sonne wie einst im Mai
und die Rosen, sie blühen noch heut',
doch eh' sie verblühen, wie spät es auch sei,
halte fest an die schöne Zeit.

Ein jeder Tag sei, wie ein kostbar Geschenk,
das gereicht wird dir täglich auf's neu,
im Herzen darinnen auch immer gedenk
an die Jahre der Liebe und Treu.

Und färben die Blätter sich bunt am Baum,
leuchten hell sie im Sonnenschein,
dann träume noch weiter deinen Traum,
schaut der Herbst auch zum Fenster hinein.

Die Sonne Geht Auf

Dort hinten am Horizont
geht leuchtend die Sonne auf.
Verschwunden sind Sterne und Mond,
und der Tag nimmt seinen Lauf.

Es ist so still ringsumher
als schliefe die ganze Welt,
und leise rauscht das Meer,
der Wind weht vom Himmelszelt.

Und auf den Wellen so weit
ein Schiff vorüber fährt,
weiße Segel zum Gruß bereit,
wissen nicht, ob es wiederkehrt.

Die Möwen dort auf den Klippen
sind müde vom Schlaf erwacht,
eingebettet in ihrer Mitte
war die stille, dunkle Nacht.

Fliegen schreiend hoch empor
in der hellen Sonnenglut
zu dem Schiff, das sich verlor
in der fernen Meeresflut.

Und kehren sie heim zu den Klippen,
wenn der Tag neigt sich zur Ruh',
eingebettet in ihrer Mitte,
deckt die dunkle Nacht sie zu.

Goldener Herbst

Der Herbst, er grüßt uns in sonniger Pracht,
mit leuchtenden Farben im Tann,
er färbte und malte bei Tag und Nacht
den Blätterwald golden an.

Die letzten Rosen im Garten erblüh'n,
benetzt vom kühlen Tau,
die Wolken am Himmel vorüberziehn,
der Wind weht stürmisch und rauh.

Verschwunden ist auch das Schwalbenpaar,
das ihr Nest hat im Frühling gebaut,
sie zogen gen Süden, wie in jedem Jahr,
ihr Anblick war uns stets vertraut.

Sie flogen im hellen Sonnenschein
in den Lüften so hin und her,
bis der Tag sich neigte, die Nacht brach herein,
ohne sie ist der Himmel so leer.

Nun trägt die Erde ihr Winterkleid
und schlummert in stiller Ruh,
bis wiederkehret die Frühlingszeit,
deckt Schnee und Eis sie zu.

Der Tag Ist Erwacht

Auf den Flügeln der Morgenröte flieht die Nacht,
schon graut der Morgen und bald ist der Tag erwacht.
Nebelschleier ziehen hinauf zum Himmelszelt,
noch eine kleine Weile und hell ist die Welt.

Die Wiesen und Felder getränkt vom kühlen Tau,
ein Hauch des Windes weht über die grüne Au'.
Die dunklen Wälder rauschen leise im Wind,
und auf den Bergen der Schnee zu schmelzen beginnt.

Da drunten im tiefen Tale der Wildbach rauscht,
ein einsamer Wandersmann sitzt am Ufer und lauscht.
Die Lerche, sie schwingt sich singend empor,
dort hinten am Horizont lugt zögernd die Sonne hervor.

Schon eilt der Tag herbei so frisch und rein,
er schmückt sich mit blühenden Blumen gar hübsch und fein.
Das Leben erwacht aus dem Schlafe der Dunkelheit,
es weist uns den Weg, den Blick der Besinnlichkeit.

Kindeserinnerung

Es ist so still, und ich träume
in Gedanken so vor mich hin.
Ich sitze so ganz alleine,
versunken in meinem Sinn.

Und wie ich so denke, da seh' ich
vor mir mein Elternhaus,
wo Vater und Mutter lebten,
da war ich immer zu Haus.

Die Erinnerung holt mich zurück
an den Ort der Vergangenheit.
Dort gab es viel Liebe und Glück
in meiner Kinderzeit.

Es wurde gelacht und gesungen
vorm Haus auf der Gartenbank.
Die Harmonika hat schön geklungen,
darauf spielte mein Vater, hab' Dank.

Seitdem ist so viel geschehen,
da geschaut ich mein Elternhaus.
Will Vater und Mutter ich sehen,
fahr' ich zum Friedhof hinaus.

Da sitze ich nun und träume
auf der Bank vor dem Elterngrab,
denk zurück und bin auch alleine,
meine Lieben im Herzen ich hab.

Heimat

Heimat, wo ist deine Heimat,
fragt dein Herz in einem fort.
Ist sie nun hier in der Fremde,
seit du lebst an diesem Ort.

Dich hält das Heimweh gefangen,
es gibt für dich kein Zurück.
Du bist von dort fortgegangen,
versuchst in der Fremde dein Glück.

Doch tief im Herzen, da drinnen,
sieht keiner deinen Schmerz,
wenn deine Augen auch strahlen,
und du auch machst einen Scherz.

Deine Gedanken, sie wandern
weit, weit fort ins ferne Land
zu deinen Lieben, den andern,
möchtest reichen ihnen die Hand.

Heimweh kann der nur ermessen,
wer seine Heimat verlor,
und auch in einsamen Nächten
dringt manche Träne hervor.

Glaube, Geduld und Vertrauen,
immer zur Hoffnung bereit,
um in die Zukunft zu schauen
und es wird bringen die Zeit.

Dann ist auch hier deine Heimat,
wenn du auch schaust mal zurück,
fandest du doch in der Fremde
Freunde, Liebe und Glück.

Mutterliebe

Die Mutterliebe wird niemals enden,
ist immer für dich stets bereit.
Sie gibt sie dir mit vollen Händen
und fragt nicht nach der Stund' noch Zeit.

Viel Lieb' im Herzen, die sie hat,
ist für dich da so lang sie lebt.
Sie steht dir bei mit Rat und Tat
und sorgenvoll sie dich umhegt.

Ist immer auf dein Glück bedacht,
das sie dir wünscht auf allen Wegen.
Sie denkt an dich bei Tag und Nacht
und bittet für dich Gottes Segen.

Kein groß' Geschenk daran man misst
will sie für ihre Liebe haben,
nur dass du sie niemals vergisst,
die dich auf Händen einst getragen.

Ich Halte Dich Fest

Ich halte dich fest, wenn dein Herz traurig ist,
ich halte dich fest, wenn dich die Welt vergisst,
reich' mir die Hand und schenk' Vertrauen mir,
denn du wirst stets geborgen sein bei mir.

Komm her zu mir und weine dich bei mir aus,
bei mir, da hast du immer ein Zuhaus,
ich tröste dich, wenn keine Hoffnung mehr,
auch wenn du glaubst um dich ist alles leer.

Ich liebe dich, du bist ein Stück von mir,
klopfe nur an, ich öffne dir die Tür,
ob spät, ob früh, wer zählt denn schon die Zeit,
mein Arm ist immer doch für dich bereit.

Die Ersten Schritte

Die ersten Schritte gehst du Kind
an deiner Eltern Hand,
auch wenn die Schritte größer sind,
brauchst du der Liebe Band.

Auch Schritte, die du unbedacht
in deinem Leben gehst,
sind Schritte, wie in dunkler Nacht,
die du noch nicht verstehst.

Drum gehe mutig deinen Schritt,
besonnen, froh und klug,
verfehlst du auch mal einen Tritt,
dann sei stets auf der Hut.

Noch viele Schritte gehst du, Kind,
wenn deine Zukunft weit.
Am Ende weißt du es, mein Kind,
es ist alles Vergangenheit!

Die Ersten Schuhe

Die ersten Schuhe sind noch klein
darin du gehst, mein Kind,
bald werden sie auch größer sein,
die Zeit geht so geschwind.

Sie tragen dich Tagaus, Tagein,
so manchen langen Weg,
sie geh'n zusammen mit dir heim,
wenn es auch ist schon spät.

Und drücken auch mal deine Schuh',
verliere nicht den Mut,
erst wenn sie ausgetreten sind,
gehst du darin ganz gut.

Haben sie dann auch ihre Pflicht
getan so manches Jahr,
dann trenne dich von ihnen nicht,
mal brauchst du sie, fürwahr.

Wirft man dir etwa einen Schuh
zuweilen dann und wann,
der dir nicht passt, so einfach zu,
den Schuh zieh' dir nicht an.

Einen Tag, Ein Paar Stunden Im Jahr

Was ich mir wünsche, das hast du nicht,
einen Tag, ein paar Stunden im Jahr.
In Gedanken sehe ich oft dein Gesicht
und begreife nicht, das es ist wahr.

Und wie gerne würde ich bei dir sein,
mit dir reden ein liebes Wort.
Ein paar Stunden wäre ich nicht allein,
dankbar, glücklich, wenn ich ging fort.

Ein paar Jahre noch, wie schnell vergeht die Zeit,
und die Tränen, die wein' ich nicht mehr.
Auch Stunden der Einsamkeit liegen dann weit,
geh' den Weg ohne Wiederkehr.

Dann ist das Warten für mich vorbei
auf einen Tag, ein paar Stunden im Jahr.
Das Band des Lebens ist dann entzwei
und vergessen ist, was einst war.

Tränen Der Einsamkeit

Die Tränen, die keiner sieht,
sind Tränen der Einsamkeit,
um Menschen, die immer man liebt,
sie haben für dich keine Zeit.

Ihre Augen, sie sind geblendet
vom täglichen Lichterschein.
Ihr Herz hat sich abgewendet,
sie denken nur an sich allein.

Vergeblich sucht man nach Liebe,
auch für ein tröstendes Wort,
doch in diesem Weltgetriebe
ist für Zeit und Stille kein Ort.

Die Liebe Zur Heimat

Die Liebe zu dir, mein Ostpreußenland,
zu den dunklen Wäldern und Seen,
dort knüpfte ich das erste Liebesband,
möcht´ noch einmal die Wege geh'n.

Durch Wiesen und Felder im Sonnenschein,
wenn der Mohn blüht im Kronfeld so rot,
ich denk' oft an dich, es wird nimmermehr sein,
denn über uns kam große Not.

Vertrieben aus meinem Heimatland,
wo ich glücklich gelebt als Kind,
mein Vater und Mutter mit liebender Hand
mich geführt und mit Liebe umfing.

Gehe oft in Gedanken die Straße dahin,
sehe Menschen, die einst mir vertraut,
viele Blumen blühen in Gärten drin,
habe alles so lange nicht geschaut.

So viele Jahre, sie gingen dahin,
auch die Träume der Jugendzeit,
doch in meinem Herzen, in meinem Sinn,
die Liebe zur Heimat, sie bleibt!

Mein Heimatland

In der Ferne so weit liegt mein Heimatland,
ein Juwel, das wir einstmal besessen,
geschmückt warst du immer im schönsten Gewand,
wie könnten wir dich je vergessen.

Die Gedanken reisen oft hin zu dir,
mein geliebtes Ostpreußenland,
doch Fremde öffnen mir dann die Tür,
wo einst Vater und Mutter stand.

Auch schaue ich vergebens nach dir aus,
weit hinter dem Horizont,
da war ich geborgen im Elternhaus,
bis der Krieg uns hat überrollt.

Der Abschied traf uns, wie ein schneidendes Schwert,
das uns trennte für alle Zeit
von Scholle und Heimat, nie wiedergekehrt,
was uns bleibt ist nur Herzeleid.

Du blühendes Land, wer dich hat geseh'n,
kann ermessen, was wir haben verloren,
wer weinte die Tränen, um das, was gescheh'n,
wer dort lebte und auch ward geboren.

Abendruh

Der Tag neigt sich dem Ende,
die Sonne geht zur Ruh'.
Falte auch deine Hände
und schließ' die Augen zu.

Was dir der Tag auch brachte,
ob Sorgen oder Freud',
die Liebe dir auch lachte,
alles hat seine Zeit.

Sag Dank für jede Stunde,
die Gott dir hat geschenkt,
und bitt' mit deinem Munde
um Frieden auf der Welt.

So denke nicht an morgen,
was kommt und was wird sein.
Gott wird auch für dich sorgen,
er lässt dich nicht allein.

Abendgebet

Abendstille, Abendruh!
Gott deckt alle Sünden zu.
Er schenkt Gnad zu jeder Zeit,
man zur Buße ist bereit.

Lässt dich niemals ganz allein,
kennt dein Kummer, deine Pein.
Tröstet dich in deinem Schmerz,
wenn verlassen ist dein Herz.

Alle Sorgen werf' auf ihn,
du darfst immer zu ihm flieh'n.
Im Gebet gibt er dir Kraft,
wenn auch dunkel ist die Nacht.

Abendstille, Abendruh!
Gott deckt dich mit Liebe zu,
und am Ende deiner Zeit
ist sein Arm für dich bereit.

Abendwind

Leise rauscht der Abendwind,
über Felder, Wald und Flur,
Kinder geh'n nach Haus' geschwind,
und bald schläft schon die Natur.

Weit, so weit am Horizont
löscht das Meer die Sonne aus,
hoch am Himmel scheint der Mond,
lockt die Sterne auch heraus.

Spenden Licht in dunkler Nacht
für die Menschen hier auf Erd',
Gottes Liebe uns bewacht,
bis es wieder morgen werd'.

Der Herbst

Hörst du den Wind, wie er rauscht in den Bäumen?
Spürst du, der Herbst kommt schon bald?
Die Zeit bleibt nicht stehen und all deine Träume,
sie schwinden dahin, um dich wird es kalt.

Die Blätter dort oben hoch in den Zweigen,
noch strahlen sie golden im Sonnenschein,
doch bald tanzen sie ihren letzten Reigen
bis sie fallen zur Erde, das muss wohl so sein.

Drum hab' keine Eile und gib auch gut acht,
wenn der Herbst schaut dir ins Gesicht.
Silbergrau ist dein Haar, eh du's gedacht,
und du sehnst dich nach Wärme und Licht.

Auch du bist im Leben ein Blatt am Baum,
das da sprießt und grünt eine Zeit.
Doch die Jahre vergehen, du merkst es kaum,
schaust dich um, reicht der Herbst dir sein Kleid.

Du trägst es mit Würde im Sturm und Wind,
wenn es Tag wird und auch in der Nacht
und die Angst dich umgibt, wie damals als Kind,
deine Mutter am Bett hat gewacht.

Dann wirst du begreifen, dass es an der Zeit,
der Herbst deines Lebens ist da,
noch eine Weile, dann ist es soweit,
schnell vergangen sind Jahr um Jahr.

Und fällt eines Tages dein Blatt vom Baum,
wenn der Herbst kommt mit Sturm und Wind,
dann wirst du getragen, du spürst es kaum,
wie die Mutter dich trug als Kind.

Herbst Des Lebens

Der Herbst, er zeichnet die Jahre,
es geht langsam und nicht mehr so schnell,
doch kommen noch schöne Tage,
wenn die Sonne scheint so hell.

Auch im Herbst blühen noch die Rosen,
sie entfalten all' ihre Pracht.
Auf der Heide die Herbstzeitlose
hat so manchen noch Glück gebracht.

Und werden die Schritte dann kleiner,
die wir gehen nicht mehr zu zweit,
vergessen kann sie doch keiner,
die schöne, glückliche Zeit.

Kommen dann trübe Tage,
der Wind weht die Blätter vom Baum,
denk an die schönen Jahre,
die vergangen sind, wie im Traum.

Drum freue dich auch noch heute,
sage Dank für vergangenes Glück,
als er ging an deiner Seite,
schaue vorwärts und auch zurück.

Jahresende

Das Jahr geht nun zu Ende,
du schaust zum Himmelszelt
und denkst, ob sich's wohl wende,
zum Frieden auf der Welt?

So viele Menschen leben
in der Angst und in der Not,
wann wird man ihnen geben
zu essen ein Stück Brot.

Sie ziehen auf den Straßen
und wissen nicht wohin,
mutlos, allein gelassen,
Trauer in ihrem Sinn.

Und Kinderaugen fragen,
warum treibt man uns fort?
Und keiner kann es sagen,
auch nicht an diesem Ort.

Krank, müde und geschunden
steh'n sie am Wegesrand.
Es schmerzen ihre Wunden,
niemand reicht ihnen die Hand.

Und kommt die Dunkelheit,
wo ruhen sie sich aus?
Sie haben keine Heimat,
sie haben kein Zuhaus'.

Die Zeit

Siehst du die Zeit, wie sie entschwindet,
nun kommt der Herbst mit Sturm und Wind!
Er uns den Winter schon angekündet,
die Tage auch schon kürzer sind.

Die Bäume, einst so schön und grün,
verlieren nun ihr Blätterkleid.
Die Vöglein auch gen Süden zieh'n,
hin, wo die Sonne wärmer scheint.

So mancher schaut bedenklich drein,
kommt bald für mich der Herbst des Lebens
und ich dann werde einsam sein
und warten auf den Tag vergebens.

Wo alles wieder grünt und blüht,
die Vöglein in den Bäumen singen,
auch Sonnenschein vorüberzieht,
mir wieder Mut und Hoffnung bringen!

Noch freue dich auf jeden Tag,
Zufriedenheit sei für dich Glück,
weil dich das Leben doch noch mag,
die Uhr geht vorwärts, nicht zurück.

Und lacht die Sonne dir am Morgen,
die Tage wieder länger sind.
Die Blätter werden ja auch golden,
eh' sie vom Baume weht der Wind.

Die Ungeweinten Tränen

Die ungeweinten Tränen,
die niemand sehen kann,
sie brennen heiß und zehren,
doch du hältst sie im Bann.

Ganz still und im Verborgenen,
schließt du ins Herz sie ein,
du teilst nicht deine Sorgen
und lächelst oft zum Schein.

Dein Angesicht, es strahlet
immer zur rechten Zeit,
was immer es auch saget,
sieht man darin kein Leid.

Doch kommt die Nacht der Tränen,
so stürmisch wie die Flut,
dann kannst du dich nicht wehren,
sie brennen wie heiße Glut.

So gehst du deine Wege,
durch Tage, Raum und Zeit,
bis sich dein Haupt einst lege
zur letzten Ruhe bereit.

Herzlos

Warum sind die Menschen so anders geworden?
Warum sind sie so herzlos und kalt?
Denken sie nicht, was schon kommen kann morgen
und sie suchen dann auch einen Halt?

Sie verwehrten einst Menschen, Liebe und Freud',
fühlten nicht, wie dem anderen zumut',
sahen die Tränen und auch nicht das Leid,
wie weh es dem anderen tut.

Das Bitten dringt nicht an ihr Herz und Ohr,
sie begreifen nicht, was sie vertan.
Was sie einst besessen, das haben sie verlor'n,
sie trafen die schlechtere Wahl.

Die Zeit wird es bringen, sie eilet dahin,
da sie suchen nach Liebe und Freud',
dann werden sie denken in ihrem Sinn
an die verlorene, vertane Zeit.

Brücken

Brücken, die uns zueinander führen,
sind Brücken der Brüderlichkeit,
sie öffnen oft auch verschlossene Türen,
sind wir zum Verzeihen bereit.

Oft fehlt uns der Mut hinüberzuschreiten,
ist der Weg dunkel und weit,
ein Licht, das uns führt, wird uns begleiten,
dorthin, wo die Sonne auch scheint.

Dann öffnen sich auch verschlossene Herzen,
wird die Hand uns zum Frieden gereicht,
die Wunden, sie heilen, verschwunden die Schmerzen,
und das Leben ist wieder leicht.

So viele Brücken gibt es auf Erden,
die uns tragen durch's Leben der Zeit,
zum Ufer der Liebe, wonach wir uns sehnen,
wo Verzeihung wohnt und nicht der Streit.

Tagesanbruch

Der Tag ist erwacht aus der finsteren Nacht,
grüßt uns freudig mit seinem Licht,
da oben am Himmel die Sonne lacht,
ob er hält, was er uns verspricht?

Noch ist er jung, so frisch und rein,
strahlt uns an mit seinem Gesicht,
und ob es später wird auch so sein,
das wissen wir am Morgen nicht.

Oh, Menschenherz, freue dich, denke daran,
zähl' die Stunden der Sonnenuhr,
wie schnell der Regen auch kommen kann,
liegt's doch so in der Natur.

Drum versäume nicht einen Augenblick,
genieße den Sonnenschein,
schöne Stunden kommen niemals zurück,
wie schnell bricht der Abend herein.

Dann ist es dunkel um dich her,
und du sehnst dich nach Wärme und Licht,
doch die Sonne am Himmel, sie scheint nicht mehr,
die Nacht zeigt dir ihr Gesicht.

Seemann

Seemann, ich ruf' deinen Namen,
wann kommst du endlich nach Haus'?
Was ist da draußen geschehen
im Wellensturm-Gebraus?

Hell leuchtet die rote Laterne,
wenn ich steh' einsam am Kai.
Schiffe, sie kommen von Ferne,
doch du bist nicht dabei.

Oder hast du mich vergessen,
mein Herz gehört doch nur dir,
du hast mich immer besessen,
komm doch zurück zu mir.

Hörst du denn nicht mein Rufen,
der Wind trägt's zu dir über's Meer,
weinend steh' ich am Ufer,
wart' auf deine Wiederkehr.

Refrain:
Und die Wellen rauschen weiter,
und der Wind flüstert mir zu,
du sollst keine Tränen weinen,
glaub' dein Herz findet bald Ruh',
denn dein Seemann kommt nach Hause,
Liebe bringt ihn zu dir zurück,
und nach allem Sturmgebrause
bist du dann sein ganzes Glück.

Fernweh

Oh, du stürmendes, rauschendes Meer,
wie sehn' ich mich nach deiner Nähe,
in meinem Herzen ist es so leer,
und es ist so, als ob ich dich sehe.

Die Möwen schreien und fliegen weit fort,
um auf den Wellen zu schaukeln,
gern wäre ich auch bei ihnen dort,
könnt' in der Tiefe dann tauchen.

Der Himmel ist blau und die Wolken, sie ziehen
weit, weit hinfort in die Ferne,
versinken im Meer, als ob sie entfliehen,
möchte alles sehen so gerne.

In Gedanken zieht's mich in die Welt hinaus
zu den fernen fremden Ländern,
doch ich käme auch wieder gern nach Haus,
denn das Heimweh, das lässt sich nicht ändern.

Der Schmerz

Der Schmerz, er geht an meiner Seite,
verfolgt mich stets auf Schritt und Tritt,
und wenn ich denk' er sucht das Weite,
kommt er geschwind zu mir zurück.

Begleitet mich auf allen Wegen,
zur Sommer- und zur Winterzeit,
er ist mein Schmerz in meinem Leben,
steht immer für mich da bereit.

Er weckt mich mitten in der Nacht
und treibt mich aus dem warmen Bett,
hat mich um meinen Schlaf gebracht,
das finde ich dann gar nicht nett.

Er ist im Kreuz und auch im Nacken,
die Arme lässt er auch nicht aus,
mit seinen schmerzhaften Attacken,
das hält man oft im Kopf nicht aus.

Und lege ich mich dann zur Ruh',
schaut er mich an und will nicht weichen,
deckt mich mit einer Sorgfalt zu,
das soll ich dann auch noch begreifen.

Doch langsam fängt er an zu schleichen
und gibt ein wenig mir die Ruh',
ich dank und freu' mich ohne gleichen
und schließe meine Augen zu.

Dein Freund, Der Hund

Ein Freund ist dir geblieben,
das ist dein Hund,
du gehst mit ihm viele Wege
zu jeder Stund.

Ob Sonnenschein oder ob Regen,
das ist egal,
er muss sich ja draußen bewegen,
das ist doch klar.

Dann läufst du mit ihm an der Leine
durch Wald und Flur,
er kennt keine Zeit, keine Weile,
schaut nicht auf die Uhr.

Und bist du dann müde vom Laufen,
dein Hund ist es auch,
dann müsst ihr beide verschnaufen
nach diesem Lauf.

Dein Hund bleibt dir treu für immer
zu jeder Stund,
bist einsam du in deinem Zimmer,
freut dich dein Hund.

Die Große Liebe

Du warst meine große Liebe
und so wird es immer sein,
dein Abschied ist mir geblieben,
gingst fort und ich blieb allein.

Die Einsamkeit ist mein Begleiter
und Stille umgibt mich Daheim,
wenn auch das Leben geht weiter,
ist es schwer, ohne dich zu sein.

Habe Dank für die schönen Jahre,
für die Liebe und Zärtlichkeit,
die ich durch dich hab' erfahren,
doch alles liegt schon so weit.

Die Treue will ich dir halten,
wenn du auch kommst nie mehr zurück,
bis meine Hände erkalten,
denn du warst mein ganzes Glück.

Spiegel Des Lebens

Der Spiegel des Lebens schaut dich an,
zeigt die Spuren in deinem Gesicht.
Die fragenden Augen sagen dir dann,
das Leben war Schatten und Licht.

Die Jahre der Jugend, sie sind dahin,
auch Träume, die du einst geträumt.
Bewahre im Herzen, in deinem Sinn,
die glückliche Jugendzeit.

Auch Stunden der Liebe und das Leid,
die Tränen, die Sorgen und Freud,
gebunden in Treue der Zweisamkeit
gingen mit Dir auf Wege so weit.

Drum trage die Falten in deinem Gesicht,
dank dem Schicksal, das dich hat gelenkt.
Das Leben ist immer Schatten und Licht,
du bekamst ja auch nichts geschenkt.

Ewige Treue

Ich liebe dich noch immer,
was auch geschehen ist,
die Liebe endet nimmer,
weil du mein Leben bist.

Drum glaub' und hab Vertrauen,
du bist und bleibst doch mein,
das Glück, auf das wir bauen,
wird immer bei uns sein.

Wir reichen uns die Hände,
im Herzen wird es warm,
für uns kommt nie das Ende,
du nimmst mich in den Arm.

Und ganz tief da im Herzen
wird nur die Liebe sein,
bringt auch das Leben Schmerzen,
ich lass' dich nicht allein.

Kommt dann der Herbst des Lebens
und einer muss dann geh'n,
ich halte dir die Treue,
gibt's auch kein Wiederseh'n.

Verlorenes Glück

Du holst den Traum nicht mehr zurück,
verloren ist dein ganzes Glück,
was einmal war, es ist vorbei,
das Band der Liebe ging entzwei.

Die Zeit mit ihm, sie war so schön,
doch er ging fort, kein Wiederseh'n,
du glaubtest an die Lieb' und Treu',
denk nicht mehr daran, es ist vorbei.

Du weintest Tränen in der Nacht,
die dich um deinen Schlaf gebracht,
geschenkte Lieb´ war Herzeleid,
alles ist nun Vergangenheit.

Und lacht dir dann ein neues Glück,
halte es fest, schau nicht zurück.
Vergesse die Tränen, auch das Leid
und hoffe auf eine bessere Zeit.

Heimkehr

Oft stand ich am Fenster und dachte an Dich,
wartest einsam auf mich in der Ferne,
auch Tränen rannen mir übers Gesicht,
kam immer nach Hause so gerne.

Am Bahnhof, da nahmst du mich in deinem Arm,
rote Rosen, die schenktest du mir,
deine Augen strahlten mich zärtlich an,
und glücklich stand ich dann vor dir.

Nun steh' ich verlassen, so ganz allein,
auf dem Bahnsteig und schau' mich um.
Viele Menschen eilen an mir vorbei,
das Herz weint und ich bleib' stumm.

Die Schritte sind schwer, die ich gehen muss,
keiner hilft mir jetzt tragen die Last,
auch niemand reicht mir die Hand zum Gruß,
wenn ich heimkehr', die Angst mich umfasst.

Traumbild

Am Morgen, da schwinden die Träume,
wenn du vom Schlaf bist erwacht,
waren es doch nur Schäume
in der langen, dunklen Nacht?

Ich spüre noch deine Nähe,
sie entschwand in einem Nichts,
es war so, als ob ich die sähe
im Traumbild des ewigen Lichts.

Den Traum, du kannst ihn nicht fassen,
ist wie ein Haschen nach Wind,
flieht hinweg durch finstere Gassen
und du schaust, als ob du bist blind.

Im Garten Des Lebens

Im Garten des Lebens leuchtet ein Licht
für die Menschen auf dieser Welt,
doch wenn eines Tages ein Herze bricht,
ein Stern dann vom Himmel fällt.

Dann kommt herbei die Dunkelheit
und die große Reise beginnt
in die unendliche Weite der Ewigkeit,
dort man Ruhe und Frieden find'.

Wir schauen hinaus mit tränendem Blick
nach den Menschen, die einst wir geliebt,
der Glaube, die Hoffnung, sie bleiben zurück,
dass ein Wiederseh'n es einmal gibt.

So wandern wir auf diesem Erdenrund,
bis das Licht unseres Lebens erlischt.
Wir wissen nicht, wann und zu welcher Stund',
uns das Herz und das Auge bricht.

Die Wahre Große Liebe

Die wahre große Liebe
ist keine Liebelei,
sie denkt stets mit dem Herzen
und bleibt dir immer treu.

Teilt auch mit dir gemeinsam
die Freuden und das Leid,
sie lässt dich niemals einsam,
auch nicht in schwerer Zeit.

Schenkt dir ein tief' Vertrauen,
wirft alle Zweifel fort,
kannst immer auf sie bauen,
steht auch zu ihrem Wort.

Die Liebe ist die Treue,
aus der die Knospe sprießt,
und wer sie hat erfahren,
der weiß, was Liebe ist.

Schön War Der Tag

Schön war der Tag im hellen Sonnenschein,
die Vöglein sangen froh ein Liebeslied,
wir gingen Hand in Hand durch Flur und Hain
und all die Blumen auch noch nicht verblüht.

Der Weinstock dort am Berghang voller Reben,
die Trauben sind zur Ernte schon gereift,
und die Natur, sie ist noch voller Leben,
wird uns zum Segen doch von Gott gereicht.

Der Strom, er fließt so still durchs Tal dahin,
er raunt und flüstert leise wie Gesang,
das Auge schaut der friedlichen Idyll,
erfüllt vom Zauber wie in einem Bann.

Wenn dann der Tag sich neigt im Abendschein,
die ersten Sterne dort am Firmament,
dann zieht der Friede Gottes in die Herzen ein
und sinnend schauen wir zum Himmelszelt.

Letzte Rose

Letzte Rose, wie blühst du so schön,
auf der Heide am Holderstrauch,
verzaubert vom Heideduft anzuseh'n
ist die Luft erfüllt von deinem Hauch.

Die Bienen schwirren und summen im Chor,
im hellen Sonnenschein,
das Heidekraut blüht im rotlila Flor,
es lädt zum Verweilen ein.

Der Schäfer mit seiner Herde zieht
durch das weite, alte Land,
vergangen die Zeit, wo er sein Glück
und die erste Liebe fand.

Nebelschleier

Nebelschleier ziehen über den Teich,
schon am Horizont das erste Abendrot,
ach so friedvoll ist es sogleich,
sinnend schauen wir hinauf zu Gott.

Danken für den Tag, der uns geschenkt,
für die schönen Stunden, für die Freud',
auch wenn man in Liebe daran denkt,
dass für uns so vieles steht bereit.

Aus der Ferne hell der Glockenklang
schallt hinüber über Wald und Flur
und verstummt ist auch der Vogelsang,
bald legt sich zur Ruhe die Natur.

Schweigend senkt sich Gottes reicher Segen,
deckt das nebelweiße Land nun zu,
Dunkelheit liegt über allen Wegen,
darum meine Seele schlafe auch du.

Die Sonne

Die Sonne erweckt den Morgen
aus dem Schlafe der Nacht,
verborgen sind noch alle Sorgen,
die uns der Tag hat gebracht.

Weit hinter den Dächern erscheinet
das erste Morgenrot,
und unverschlossen der Garten,
das Tor zum Leben und Tod.

Daraus auch wir sind gekommen,
um Gast hier auf Erden zu sein,
bis dass unser Leben zerronnen,
woll'n wir dankbar und glücklich sein.

Sommernacht

Zarte Winde umwehen dich sanft
in lauer Sommernacht,
und auf den Hügeln das Mondlicht
hat dir selige Träume gebracht.

Hoch über dir das Sternenzelt
soweit das Auge schaut,
geblendet vom Glanze, der dich umfängt,
ist die Nacht dir so vertraut.

Die Stille hält dich gefangen
und trägt dich fort,
wie auf Wolken schwebst du von dannen
zum fernen Ort.

Bist du dann dort angekommen
in deinem Traum,
wirst du in den Arm genommen,
du spürst es kaum.

Drum lasse dich tragen vom Winde
in dunkler Nacht,
bis der Morgen dich wieder findet
und die Sonne dir lacht.

Freud Und Leid

Silbergrau sind deine Haare,
darin leuchten Freud und Leid
und gereift in all' den Jahren,
wo blieb nur die Jugendzeit.

Denn die Uhr, sie blieb nicht stehen,
sie kennt keine Rast, noch Ruh',
viele Wege musst du gehen,
auch das Schicksal schlug mal zu.

An so manchen Stein gestoßen
und gestolpert ohne Halt,
auch am Wegrand blühten Rosen,
ein paar Winde wehten kalt.

Spürst du, dass es spät geworden
und die Sonne untergeht,
schwinden hin all deine Sorgen,
Gottes Liebe dich dann trägt.

Dank Am Morgen

Saget Dank für jeden Morgen,
saget Dank für jeden Tag,
bringt er Freude oder Sorgen,
so wie Gott es geben mag.

Ist der Himmel voller Regen,
oder lacht der Sonnenschein,
alles ist doch Gottes Segen
für die Menschen groß und klein.

Es ist ein Geschenk des Lebens,
jede Stunde, die vergeht,
die ihr nicht gelebt vergebens,
wenn ihr zueinander steht.

Eure Herzen, eure Sinne,
richtet zu dem Abend hin,
dass die Liebe stets darinnen
für euch sei ein groß' Gewinn.

Dankt dem Schöpfer allezeit,
der die Liebe euch geschenkt,
Glück liegt in Verborgenheit,
weil es Gott für euch stets lenkt.

Mutters Hände

Mutter, ich seh' deine Hände
gefaltet in deinem Schoß,
nun ruhen sie aus ohne Ende,
deine Mühe und Arbeit war groß.

Du hast geschafft voller Sorgen
am Tage, auch wenn es schon Nacht,
bis dass schon graute der Morgen,
an dich hast du nimmer gedacht.

In deinem Gesicht ewiger Friede
will uns sagen, nun bin ich zu Haus',
von der Erde bin ich geschieden,
für immer ruhe ich jetzt aus.

Habe Dank für all' deine Liebe,
die du uns so selbstlos geschenkt.
Gott gebe dir Ruhe und Friede,
der ein Lebenlang dich hat gelenkt.

Morgengrauen

Die Stille, die mich umgibt,
hüllt mich ein im Morgengrau'n,
die Nacht vorüberzieht
und die Schatten flieh'n aus dem Raum.

Die Sterne am Himmelszelt
verlieren ihren Schein,
die Sonne erhellt die Welt,
führt mich in den Tag hinein.

Und ich bitte, dass er mir bringt
schöne Stunden, Zufriedenheit,
dass mir alles wohl gelingt,
keine Tränen, ein wenig Freud.

Schaut dann der Abendstern
zu mir ins Fenster herein,
dann ist der Tag schon fern
und dankbar will ich sein.

Oktobersonne

Oktobersonne, wie leuchtest du schön,
über goldenen Wipfeln und Bergeshöh'n,
die Seen, sie spiegeln das Himmelsblau,
der Nebel schwebt über die grüne Au'.

Der Wind singt leise dem Herbst ein Lied,
ein Vogelschwarm über die Heide zieht,
das Bächlein rauschet so silberhell,
die Forelle schwimmet im kühlen Quell.

Die Erde hat sich bereit gemacht
nach der großen Ernte, die sie vollbracht,
verblüht sind die Blumen im Garten schon,
von Ferne erklingt der Glockenton.

Nun geht zu Ende ein schöner Tag
und weiter dreht sich das große Rad,
die Zeit des Lebens, sie bleibt nicht steh'n,
zeigt uns, wie schnell die Jahre vergeh'n.

Stille Am Morgen

Still war der Morgen, still war die Nacht,
Gott hat dir Ruhe und Frieden gebracht.
Dankend gehe nun in den Tag hinein
und bitte, er möge auch bei dir sein.

Schaue hinauf zum Himmelszelt,
denke wie schön wär's auf dieser Welt,
wenn alle Menschen ohne Angst und Not
hätten zu essen ihr täglich Brot.

Gott hat die Erde so reich gemacht,
hat auch an alle Menschen gedacht,
doch viele leben in Armut und Not,
bis sie erleidet der bittere Tod.

Öffnet die Augen und schaut in die Welt,
eh' es zu spät ist für Reichtum und Geld!
Teilt mit den Armen und denket daran,
wie schnell der Tod euch begegnen kann.

Schatten

Von Ferne leuchtet der Abendstern
zu dir ins Fenster hinein,
die dunklen Schatten sind nicht mehr fern
und schließen dich lautlos ein.

Sie schauen aus allen Ecken
dir still ins Angesicht,
und Sehnsucht sie in dir wecken,
vertreiben das Tageslicht.

Was werden sie dir bringen
in der Nacht der Dunkelheit?
Sie mögen dich umringen,
denn jetzt ist ihre Zeit.

Drum schließe deine Augen
und wende dein Gesicht
hin zu dem Licht und Glauben,
zum Morgen, der anbricht.

Sturm Und Wind

Der Regen kommt mit Sturm und Wind,
er rüttelt an Fenster und Türen,
braust über das Meer hinweg geschwind,
er will uns den Sommer entführen.

Gewitterwolken ziehen durch die Nacht
und Schiffe durchfahren die Flut,
der Wärter auf dem Leuchtturm wacht,
gibt in Seenot Geratenen Mut.

Die Wellen, sie schlagen am Dünenstrand,
schreiend fliegen Möwen empor,
die Fischer fahren geschwind an Land,
sonst sind sie für immer verlor'n.

Schon bricht die Finsternis über uns her,
der Wind pfeift dazu sein Lied,
es tobt und wütet das graue Meer,
schnell der Tag vor der Nacht entflieht.

Doch nach dem Dunkel wird es wieder Licht
und es strahlet der Sonnenschein,
ob wir es erleben, das wissen wir nicht,
was wir wissen, es wird immer so sein.

Es Wartet Niemand

Es wartet niemand mehr auf mich,
wenn ich jetzt heimwärts gehe,
es schaut mich keiner an und spricht,
wie schön, dass ich dich sehe.

Auch Worte, die mir einst vertraut,
herzlich willkommen daheim,
dein liebend Auge mich angeschaut,
ohne dich war ich so allein.

Ach könnte ich die Zeit der Uhr
ein Stück zurück noch dreh'n
und wäre es ein Stündchen nur,
doch es kann nie gescheh'n.

Gedanken der Erinnerung,
sie tragen mich weit fort
hin zu dem kühlen Erdengrund,
an einem stillen Ort.

Gedanken

Gedanken gehen mir dir auf die Reise,
steige nun ein und fahre ein Stück,
sie führen dich auf ihre Weise
in die Vergangenheit zurück.

Sie halten an so manchem Orte,
wo du einst glücklich warst,
auch sagen sie dir ohne Worte,
bleib einmal steh'n und halte Rast.

Bald sind sie hier, dann wieder dort,
sie drehen sich oft wie der Wind
und treiben dich in einem fort,
als liefst du durch ein Labyrinth.

So geht die Reise weiter fort,
bis hin zur Endstation,
dann steigst du aus ohne ein Wort,
das war die Vergangenheit schon.

Freundschaft

Freundschaft ist was wunderbares,
wenn sie's ehrlich mit dir meint,
dann hält sie auch viele Jahre
und du bist mit ihr vereint.

Sie teilt mit dir frohe Stunden,
wenn du Sorgen hast und Leid,
fühlt sich mit dir stets verbunden
in guter und in schlechter Zeit.

Freundschaft, das heißt auch verstehen,
und sie hilft dir in der Tat,
ja, dann kannst du es auch sehen,
wenn sie spendet Trost und Rat.

Wahre Freundschaft ist Vertrauen,
auch die Zuverlässigkeit,
darauf kannst du immer bauen,
Freundschaft trägt ein selbstlos Kleid.

Die Sonne Sank

Die Sonne sank, bevor es Abend wurde,
es kam die Nacht, obwohl es Tag noch war,
für dich kam nimmermehr ein neuer Morgen,
dein Abschied war für heut' und immerdar.

Du warst so jung und schön von Angesicht,
dir standen noch so viele Türen offen,
der letzte Weg führte dich zum ewigen Licht,
gelitten und gekämpft, vorbei dein Hoffen.

Jetzt ruhst du aus von allen deinen Schmerzen
und die dich lieben sind nun so allein,
schließen dich ein in ihre wunden Herzen,
doch unvergessen wirst du immer sein.

Das Letzte Hemd

Das letzte Hemd hat keine Taschen,
du nimmst nichts mit von dieser Welt,
dein Hab' und Gut musst du verlassen,
es gibt nichts mehr, was für dich zählt.

Wie du einst auf die Welt gekommen,
du brachtest nur dein Leben mit,
so wirst du auch hinweggenommen
und lässt dein Leben dann zurück.

Die Letzten Gedanken

Wir sind nicht eher zu Hause,
bis dass wir bei ihm sind,
das sind unsere letzten Gedanken,
wenn wir werden so klein, wie ein Kind.

Dann gehen wir mit schweren Schritten
durch das Tal der Vergangenheit,
der uns führt ist in unserer Mitten,
hält sein Arm für uns bereit.

Drum fürchte dich nicht an dem Tage,
wenn der Abschied naht von dieser Welt,
von Liebe wirst du getragen,
die deine Hand noch hält.

Trauer Der Einsamkeit

Trauer der Einsamkeit zieht in dein Herz,
dringt in allen Winkeln,
nistet sich ein,
rinnt durch den Körper,
begleitet von Schmerz,
der nie aufhören vermag.
Die Hand greift in einem Nichts,
um sich festzuhalten,
wo es nichts gibt.
Verloren im Getriebe von Rädern,
die zermalmen,
suchen nach Licht,
das hinter dem Nebel sich breit macht,
nach Liebe, die es nicht gibt.
Abgestellt am Rande,
dazu geschenkte Verlassenheit.

Abschied

Abschied nehmen
von Gewohnheiten,
von vertrauten Räumen,
Straßen, die du gegangen bist.
Abschied von der Liebe,
an die du geglaubt hast
im inneren deines Herzens,
die zu einer Frage wurde
und auch bleibt,
zurück bleibt Enttäuschung.
Gedanken, die du versuchst
zu ordnen
im Wirrwarr der Gefühle.
Fragen schauen dich an,
spiegeln sich Tag und Nacht
im Geschehen deines Lebens,
wenn dein Denken
im Leid zerfließt
und die Stimme stumm bleibt.
Augen mit Tränen gefüllt,
die du trocknest mit Verstand,
um weiterzuleben.

Blätterwald

Ich schritt durch den großen Blätterwald,
da bin ich dem Herbst begegnet,
er schaute mich an, reichte mir seine Hand,
sprach zu mir, ich komme schon bald.

Noch grünte und blühte es ringsum mich her,
auf den Höhen und im tiefen Tal,
die Sonne versank im Blumenmeer,
der Abend, er neigte sich bald.

Die Nachtigall sang so hell und rein,
ein Lied von Liebe und Glück,
es war ein Erlebnis, wie konnte es sein,
das nie mehr kehrte zurück.

Mit leisen Schritten lief ich durch den Hain,
ein Zauber, der mich umfing,
war dankbar hier noch auf Erden zu sein
und glücklich, wie einstmals als Kind.

Die Zeit ging dahin, ich merkte es kaum,
sprach zu mir, es wird immer so sein,
schon fielen bunte Blätter vom Baum
und der Herbst kam zum Stelldichein.

Noch einmal ging ich durch den Blätterwald,
doch die Blumen, sie blühten nicht mehr,
verstummt war der Nachtigallen Gesang,
auch mein Herz war einsam und leer.

Vergiss Nie Dein Elternhaus

Vergiss es nie, dein Elternhaus,
wo du einst groß geworden bist
und du aus Kinderschuhen raus,
die Muttersprach', die du sprichst.

Der Vater und die Mutter dein,
die ersten Schritte dich geleitet,
sie ließen dich auch nicht allein,
wenn man dir Kummer hat bereitet.

Brüder und Schwestern waren daheim,
in Liebe zueinander standen,
so manche Wunde wurde heil
und keiner war ohne den andern.

Dann gingen alle ihre Wege,
der eine hier, der andere dort,
mal waren sie krumm, war'n sie eben,
ein jeder weilt am anderen Ort.

Im Herzen trage dein Elternhaus,
dergleichen suchest du vergebens!
Du warst geborgen da zu Haus,
da liegt die Wurzel deines Lebens.

In Der Tiefe

In der Tiefe der Erde, da liegt mein Leben,
es ist zum Greifen nah,
die Liebe zu dir und all mein Sehnen
wird bleiben doch immerdar.

Nun stehe ich verlassen und schaue hinab,
ums Herze wird mir so schwer,
die Liebe und Treue liegt mit dir im Grab,
ich vermisse dich doch so sehr.

Und Tränen bedecken mein Angesicht,
meine Worte kannst du nicht versteh'n,
die Trauer im Herzen, die siehst du nicht,
einsam muss ich nach Hause geh'n.

Nun schlafe wohl in ewiger Ruh',
auch ich muss den Weg einmal geh'n,
meine Liebe und Trauer, sie deckt dich zu,
muss begreifen und auch versteh'n.

Verzweiflung

Viele Menschen geh'n durch die Straßen,
den ich suche, finde ich nicht.
Ich laufe durch alle Gassen,
in mir eine Stimme spricht.

Lass' das Suchen, du wirst ihn nicht finden,
denn er ist nicht mehr auf dieser Welt,
Musst begreifen und überwinden,
wenn Trauer über dich fällt.

Auf einmal, da wird es dunkel,
ich schaue und es wird Nacht.
Die Sterne am Himmel funkeln,
der Mond über die Erde wacht.

Mit Tränen in den Augen
lauf' ich geschwind nach Haus.
Ich muss es der Stimme glauben,
mein Schatten eilt mir voraus.

Und als ich mich wiederfinde,
stehe ich vor meiner Tür.
Die Gedanken flieh'n mit dem Winde,
er trägt sie weit fort zu dir.

Ein Wandersmann

Ein Wandersmann geht auf die letzte Reise,
ein Weg, den er alleine gehen muss,
schaut sich nicht um und schreitet still und leise,
ein stummer Blick, das ist sein letzter Gruß.

So viele Wege ist er oft gewandert,
durch Flur und Wald, durch Täler, Bergeshöh'n,
mit all den Freunden und so vielen andern,
doch nimmer wird es wieder so gescheh'n.

Er braucht keinen Stock und keine Wanderschuh,
kein Strauch, kein Stein des Weges Hindernis,
das Herz schlägt schwer, er geht zur letzten Ruh',
die Spur der Trauer, die er hinterließ.

Bad Münster Am Stein

Die Koffer gepackt, geschieden muss sein
von dir, schönes Städtchen, Bad Münster am Stein,
hier haben wir gekurt, gescherzt und gelacht,
im Kurhaus so manch' schöne Stunden verbracht.

Zum Tanztee, da gingen wir gerne mal hin,
das Tanzbein zu schwingen war in unserm Sinn.
Geschäfte, sie luden zum Bummeln stets ein,
im Park zu verweilen beim Sonnenschein.

Viel blühende Blumen am Wegesrand steh'n,
dort konnten wir oftmals spazieren geh'n,
die Nahe, sie fließt so still vor sich hin,
der Friede zog ein in unserem Sinn.

Die schöne Zeit, sie ist nun vorbei,
und jetzt geht es Heimwärts, so schwer es auch sei.
Dem Wirt und Frau Wirtin einen herzlichen Dank
für die liebe Betreuung, für Speise und Trank.

Das Leben

Das Leben ist nicht immer leicht,
oft spielt es dir auch einen Streich,
dann schaust du ganz verdattert drein
und denkst, das muss ja auch mal sein.

Geht es mal nicht nach deinen Sinnen,
so fange nicht gleich an zu flinnen,
nimm' es doch einfach mit Humor,
dann bist du eine Frohnatur.

Drum bleibe immer Optimist,
wenn schwer es zu ertragen ist,
denn alles geht einmal vorbei,
denke auch mal, ist's doch einerlei.

Mein Wattenscheid

Mein Wattenscheid ist mir geworden
zur Heimat, hier bin ich zu Haus.
Bei dir fühle ich mich geborgen,
hier lebe ich, Tagein und Tagaus.

Der Stadtgarten wird 100 Jahre,
trotz Alter, wer kann das versteh'n,
er schmückt sich an jedem Tage,
wer ist schon mit 100 so schön.

Dort kann man in Muse verweilen
unter schattigen Bäumen am Teich,
zum Stelldichein treffen mit Freunden,
ach Wattenscheid, wie bist du reich.

Die Freilichtbühne, sie ladet
zum fröhlichen Beisammensein ein,
es wird musiziert und gesungen
und keiner ist mehr allein.

Der Spielplatz ist für die Kleinen
zum Klettern und Spielen gar fein,
am Schachbrett, da kann man liebäugeln,
wer wird wohl der Sieger sein?

Hat Zwinger und auch Gehege
mit Tieren so allerlei,
spazieren geh'n kann man auf Wegen,
an blühenden Blumen vorbei.

Und in der City, da rauschet
ein Springbrunnen hell und klar,
in der Fußgängerzone, da tauschet
man Worte, wie's früher einst war.

Die Menschen, sie geben mir Wärme,
auch spricht man bei dir dat und wat.
Mein Wattenscheid, ich habe dich gerne,
ein Hoch auf die Hellwegstadt!

Jubelnd Singt Der Engelschaar

Jubelnd singt der Engelschaar,
heut ist euch ein Kind geboren,
für die Menschheit immerdar,
damit sie nicht geht verloren.

Leuchtend steht ein Stern am Himmel,
weist den Hirten einen Weg,
zu dem Stall auf Stroh darinnen
knien sie nieder zum Gebet.

Und sie bringen Gaben dar
für das Kindlein in der Krippe,
Gottes Liebe ist fürwahr
über sie in ihrer Mitte.

Schließt auch eure Herzen auf,
heißt das Kindelein willkommen,
blickt zum Himmelszelt hinauf,
gute Botschaft habt vernommen.

Ein Fest Der Liebe

Ein Fest der Liebe soll Weihnachten sein,
sagt uns die Weihnachtsgeschichte,
doch viele Menschen sind allein,
steh'n im Dunkeln und nicht im Lichte.

Sie geh'n durch die Straßen und sehen den Baum,
darauf leuchten die brennenden Kerzen,
mit schleppenden Schritten wie im Traum
und Wehmut in ihren Herzen.

Die Kinderzeit liegt schon lange zurück,
auch die stille, heilige Nacht,
da sie vor Freude in Liebe und Glück,
als das Christkind ihnen Gaben gebracht.

Wie im Traume gehen sie ziellos umher
im leuchtenden Abendschein,
das Auge voll Tränen, das Herze so leer,
es ist schwer, so alleine zu sein.

Ein Kindlein Läuft Durch Alle Gassen

Ein Kindlein läuft durch alle Gassen
in der stillen, heiligen Nacht,
von den Menschen ist es verlassen,
ein Englein geht mit und hält Wacht.

Am Christbaum, da brennen die Kerzen,
strahlen hell in die Nacht hinaus,
doch das Kindlein ist traurig im Herzen,
es ist einsam und sucht ein Zuhaus'.

Es klopfet an Fenster und Türen,
doch niemand lässt es herein,
es betet und bittet um Frieden
für die Menschheit, ob groß oder klein.

Verschlossen sind ihre Herzen,
geblendet vom Lichterschein,
in Freuden sie lachen und scherzen,
denken nicht an das Christkindelein.

Weihnachten Daheim

Denkt man heut' an die Weihnachtszeit
zurück, als wir noch Kinder waren,
die Erde trug ein Winterkleid
und glücklich zählten wir die Tage.

Bis kam herbei die heilige Nacht,
einst Jesus Christ ward uns geboren,
mit Andacht wir daran gedacht,
damit wir gehen nicht verloren.

Die Wünsche waren damals klein,
doch groß die Freude für die Gaben,
die unterm Baum im Lichtenschein
vom Christkind liebevoll dort lagen.

Schau'n wir zurück nach all den Jahren,
nie wird es so wie früher sein,
die Weihnacht wie in Kindertagen
schließen ins Herze wir sie ein.

Jahreswende

Nun kommt herbei die Jahreswende,
auch Stunden der Besinnlichkeit,
drum falte stille deine Hände,
sag' Dank für die vergangene Zeit.

Das Glück, es brachte schöne Stunden,
die Freude, auch die Traurigkeit,
die Zeit, sie heilte viele Wunden,
du hast gelacht und auch geweint.

Denn alles liegt in Gottes Hände,
er lenkt und führt dich allezeit,
zum Guten kann er alles wenden,
die Liebe trägt ein selbstlos Kleid.

Was wird das neue Jahr uns bringen,
wird es zum Frieden uns gereicht?
In unserm Herz, in unsern Sinnen
sagen wir oft das Wort vielleicht!

Die Gelebten Stunden

Die gelebten Stunden des Jahres,
das heute zu Ende geht,
die Freuden und Mühen des Tages
hat der Wind wie Spuren verweht.

In Dankbarkeit schauen wir zurück,
dass uns soviel ward geschenkt.
Gesundheit, Liebe und Glück,
auch die Wege, die Gott hat gelenkt.

Was wird die Zukunft uns bringen,
das fragen wir uns insgeheim,
wird uns auch alles gelingen?
Werden wir noch auf Erden sein?

Auch wenn in dem Weltgetriebe
die Sonne uns nicht immer scheint,
der Glaube, die Hoffnung und Liebe
wird uns tragen durch alle Zeit.

Heimat, Wir Singen Deine Lieder

Heimat, wir singen deine Lieder,
von dir, mein Ostpreußenland,
wann kehren wir einmal wieder
zu dir an den Ostseestrand?

Wo die Wellen rauschen im Sturme,
uns das Gold aus dem Meer ward geschenkt
und die Wächter hoch auf dem Turme
durch die Fluten die Schiffe gelenkt.

Dort schreitet der Elch majestätisch
durch die dunklen Wälder dahin,
das war das Land unserer Väter,
verankert in Herz und Sinn.

Oft schauen wir auf zu den Sternen,
schicken Grüße zu Dir weit hinaus,
möchten weilen bei Dir so gerne
unter Bäumen vorm Vaterhaus.

Singen wir die vertrauten Weisen
von der Heimat, Liebe und Glück,
dann geht das Herz auf die Reise,
doch die Zeit, sie kehrt nie zurück.

Oma geht auf die Reise

Nun ist die Oma alt und grau,
doch eines weiß sie ganz genau!
Geht's auf die Reise, ist sie fit,
dann gibt es für sie kein zurück.

Dann wird gewaschen und gebügelt,
von guter Laune überflügelt
und ist es dann so weit, ja dann
geht's mit dem Koffer ab zur Tram.

Sie denkt, habe ich auch nichts vergessen?
Vor allen Dingen was zu essen!
Sie kommt nicht gerne hungrig an,
das hat sie immer so getan.

Die Reise ist stets angenehm,
im Intercity ganz bequem,
hat sie dann ihren Platz gefunden,
freut sie sich auf die Ruhestunden.

Sie schaut sich Land und Leute an,
da sitzt eine Dame und ihr Mann,
der Mann, er liest, die Dame spricht,
und Oma, sie schreibt ein Gedicht.

Die Fahrt geht wie im Fluge dahin,
da kommt ihr plötzlich in den Sinn,
dass sie beinahe hat vergessen
vor lauter Dichten was zu essen.

Schon hält der Zug und sie steigt aus,
ein Herr reicht ihr den Koffer raus,
da hinten auf dem Bahnsteig steh'n
kann sie schon ihre Lieben seh'n.

Sie freut sich auf das Wiederseh'n,
die Tage werden sicher schön,
doch viel zu schnell vergeht die Zeit,
zur Heimfahrt ist sie dann bereit.

Der Letzte Zug

Der letzte Zug ist abgefahren,
du bist der einzige Passagier,
mit im Gepäck die Lebensjahre,
verschlossen hast du deine Tür.

Schon neigt der Tag sich seinem Ende,
die Sonne sinkt im Abendschein,
im Schoß, da ruhen deine Hände,
wann wird die Fahrt zu Ende sein?

Die Dunkelheit hat schon begonnen,
der Zug fährt durch die finstere Nacht,
noch hat dich niemand wahrgenommen,
der Mond am Himmel dich bewacht.

Nun ist es still um dich geworden,
von fern ertönt ein Glockenton,
am Horizont erwacht der Morgen
und für dich naht die Endstation.

Originalausgabe

Die Deutsche Bibliothek – CIP-Einheitsaufnahme
Kosenberg, Erika:
Spiegel des Lebens
Erika Kosenberg. - Orig.-Ausg.
- Recklinghausen: NOXXON, 2001
ISBN 3-931564-47-9

Erika Kosenberg